Мишель А. Гордон-Голицын
Michel A. Gordon-Golitsyn

AF191228

ПЕРЕКРЁСТОК ИЛЛЮЗИЙ

Bibliografische Information der Deutschen Nationalbibliothek:
Die Deutsche Nationalbibliothek verzeichnet diese Publikation in der
Deutschen Nationalbibliografie.
Detaillierte bibliografische Daten sind im Internet unter www.dnb.de
abrufbar.

© 2015 Michel A. Gordon-Golitsyn
Lektorat: Lidia Markina
Übersetzungen ins Deutsche: Kornelia Holler
Layout und Cover: Diana Wiedra

Herstellung und Verlag:
BoD- Books on Demand, Norderstedt, Deutschland
ISBN: 9783837087246

«Так поступают все поэты. Они разговаривают вслух сами с собой, а мир подслушивает их. Но так ужасно одиноко, когда ты не слышишь речи другого».

Бернард Шоу

«Поэты берутся не откуда же нибудь из-за моря, но исходят из своего народа. Это — огни, из него же излетевшие, передовые вестники сил его».

Николай В. Гоголь

О ПОЭЗИИ
МИШЕЛЯ ГОРДОНА--ГОЛИЦЫНА

Мишель Гордон-Голицын пишет ярко и самобытно. Это не салонная поэзия с вялыми чувствами и блеклыми красками, в его гражданской лирике всегда четко выражена позиция автора. С ней можно соглашаться или не соглашаться, но напор, плакатность, ритм стиха завораживают читателя, заставляют задуматься и сопоставить его идеи со своим собственным мировоззрением. И самое важное в гражданской поэзии Мишеля — это её искренность, безыскусственность, желание донести до читателя самые сокровенные чувства и настроения, причём не благодушные и умиротворённые, а бурлящие, зачастую перехлёстывающие через край.

Любовная и философская лирика Мишеля содержат нотки городского романса, поэзии молодых авторов, повидавших жизнь и уже успевших устать от неё. Многие его стихи, наверно, хорошо бы звучали под гитару, в стиле русского шансона. Искренность, откровенность — и здесь ключ к творчеству Мишеля. Его жизнь шла не по проторенной дорожке, и это полностью отразилось в его стихах. Мишель не играет словами и смыслами, что стало мейнстримом современной поэзии молодых, его стихи даже по-своему архаичны и немного наивны, но при этом они понятны для читателя. Ведь каждому из нас приходилось чувствовать себя в разладе с жизнью, с обществом, с близкими людьми, и именно этих струн души касаются строфы автора.

Александр Лысенко,
член Московского отделения СП России

В толпе себя впервые одиноким
Почувствовал с похмелия вчера
И понял, почему наш мир жестоким
Извечно был. Он создан из ребра,
Как женщина!
Но не ребро Адама
Было Началом всех земных Начал,
А Люцифера из небесной драмы,
Который Богу равным стать желал!
Гордыня, фальшь и злобное бессилье
Витают в атмосфере бытия,
Они рождают пошлость и насилье
И льётся кровь к ногам лжебога "Я"!
С улыбкой брат вонзает брату в спину
Нож, что запрятал в рукаве своём,
За то, что тот имел жену, машину,
Счёт в банке, бизнес и роскошный дом!
Отцы насилуют своих детей годами,
А наркоманы режут матерей,
Продажность правит властью и судами
В трагикомедии бездарной "Мир людей"!
Бывает так, что видишь, как впервые...
Я, побоявшись вновь сойти с ума,
Продал свои коронки золотые,
Чтоб накупить дешёвого вина.
Пускай вино мой разум одурманит,
Туманом мне глаза заволочёт,
Пусть проститутка девой чистой станет,
Когда на час ко мне она придёт!
Свояк сказал, что в стае шакалиной
Подобным надо стать и так же жить,
Но не могу быть зверем и скотиной,
Поэтому и начал снова пить!..

Я пишу тебе, хоть и знаю,
Что ответа не получу.
От любви уже не страдаю
И в мечтаньях прочь не лечу
От убогости мира бренной
И от светской несносной лжи,
Для меня ты была Вселенной,
Но остались лишь миражи.
Нету вечного под Луною,
Ничего, что так близко нам,
Суету мы зовём судьбою
Отдаваясь в плен сладким снам.
Всё проходит и чувства тоже
Распыляются на лету.
И лишь память с годами гложет
За несбывшуюся мечту.
Я пишу тебе, хоть и знаю,
Что письма моего не ждёшь.
Вновь и вновь тебя вспоминаю,
Эта память, как острый нож,
По которому, с судьбой споря,
Я, смеясь, босиком ходил,
Ты была в моём сердце морем,
В нём свободу я утопил.
Были шутки с судьбой напрасны,
Мы лишь куклы в её руках.
О любви бесконечной, страстной
Чаще пишется лишь в стихах,
А в реальности жизнь наша - проза,
Часто драма из двух- трёх глав

В ней скандалы, упрёки, слёзы...
И в ней каждый быть хочет прав!
Избежали скандальной развязки-
Сказали вовремя "прощай",
Уходила осенью сказка-
И мы наш покидали рай.
Но порой ты ко мне приходишь
Недописанною строкой...
И с собой в мир другой уводишь,
Прикоснувшись к щеке рукой!

Я хочу говорить о личном
только с кем?я не знаю сам!..
тоном выдержанным, приличным
 речи сыпал, как бисер псам!..
говорил о высоком, чистом,
а псы выли, как на луну!..
небо россыпью серебристой
мне напомнило сатану!..
я устал жить пустой надеждой
в то, что мир не из сук одних!..
мир, как был, так и есть - всё прежний,
нет и не было в нём святых!..

Нет друзей, чтобы водки выпить...
Дом холодный мой пуст давно,
Даже если и соль рассыпать,
Ссор не будет здесь всё равно.
Сколько раз я хотел влюбиться,
Чтоб разлился в квартире свет...
Сколько раз мне пришлось проститься.
Привыкаю к ответу "нет".
И не то, чтоб совсем одиноко,
Просто что-то сжимает грудь...
Моя юность уже далёко,
Так что,сердце, мечты забудь.

Приходи на закате осенью,
В одинокий мой старый дом,
Мы под небом, под серым с просинью
Помечтаем с тобой вдвоём!
Расскажу я тебе истории
О скитаниях и о любви,
Позабудешь свои теории,
Когда пламя зажжется в крови.
Приходи ко мне солнца лучиком,
Чтоб развеять тоску-печаль,
Стань по жизни моим попутчиком,
Помоги сбросить сна вуаль!

Пройдя рубеж тридцатилетний,
Я смысла жизни не нашел.
С мечтой простился я заветной,
И к краю жизни подошел.
Кричать хотелось мне: "Так больно!»
И звёзд сиянье потушить,
Но тут мне вспомнилось невольно,
Что с миром связывает нить.
Нить недосказанного мною,
Нить недопетых песен Той,
С кем попрощался я весною,
Когда рискнул сыграть с судьбой.
Со мною разное случалось
За годы странствий по земле.
Мечта всё реже в снах являлась,
А после растворилась в мгле.
И я пытался позабыться
В объятьях женщин, в куражах,
Со мною, лучшим, распроститься,
Стать с жизнью снова на ножах.
Я осознать умом боялся,
В то, что по жизни сам иду.
Клялись мне в дружбе - и я клялся,
Но знал, хоть был в хмельном бреду:
Друзей не ищут в барах ночью,
Любви там тоже не найти,
Порви иллюзии все в клочья
И от греха домой уйди!
Но что-то там меня держало,
Рассудок водкой заливал

И, пока сердце не устало,
Бредням в бреду, смеясь, внимал.
Всему приходит своё время,
А время мало я ценил,
Пока не понял, что я – бремя,
Для тех, кого ещё любил.
Из рук бокал упал на землю,
Вдох резкий, и в глазах- лишь тьма.
Я никому уже не внемлю,
А предо мной в лучах - Она.
Так грустно смотрит, прямо в душу,
Но мне ей нечего сказать -
Я клятвы все давно нарушил,
И захотелось прочь бежать.
Да вот куда? Вокруг мгла-мглою,
Мир словно канул в пустоту.
И я взмолился: „Что со мною,
Ужели преступил черту?"...
Картинки детства плавно плыли,
За ними -юность, и потом
Годы изгнанья закружили,
Больницы, бары и притон.
Я видел, как сжигал страницы
Мной недописанных стихов,
Как чуть не стал самоубийцей
Под грузом множества грехов.
Я видел всё- и страшно стало,
Что ничего не изменить,
Как что-то вдруг меня сковало.
Удар... И слышу: „Будет жить."
И всё пропало, растворилось,
Лишь боль в груди и жжёт всего.

Подумал – мне это приснилось,
Открыл глаза- нет никого.
Один лежу в палате белой,
В неё заходит медсестра.
И я спросил её несмело:
-Ещё мне к Богу не пора?
-Нет не пора, но ты, видать,
К нему спешишь без приглашенья,
Со Смертью глупо так играть
И ждать себе потом прощенья.
Одно лишь понял я, вся боль,
Что чувствовал все эти годы,
Была словно земная соль,
Которую смывают воды,
Воды Надежды и Любви,
И воды Веры в то, что надо,
Пока огонь горит в крови,
Одолевать Судьбы преграды.

Я ей ответил, что хочу
Продолжить жизнь и с силой новой
Что если захочу- взлечу!
Мне говорили, я - фартовый!

Р.Карабаджак

Друг мой милый, не надо печалиться,
В том, что стал одинок в пути,
В твоей жизни ещё появится
Та, кого ты захочешь впустить
В своё сердце, что бьётся устало,
Распахнешь ей души окно,
И в рассвете за дымкой алой
Скажешь: "Я тебя ждал давно!"

М.А.В.

Трудно письма писать и прятать
Их до времени -снова в стол,
А в душе моей дождь и слякоть,
Хоть цветок твой вчера расцвел.
Где ты, как ты, моя родная,
Мне б услышать вновь голос твой,
И вернусь ли я, уж не знаю,
Всему миру я стал чужой.
Жизнь как сон, или как химера,
Мы как тени вокруг костра,
Угольком в сердце гаснет вера,
Дотянуть бы хоть до утра.

Ах дед, прости, что мы не углядели
И нечесть мерзкая из прошлого вернулась,
В кварталах наших взрывы загремели
И в ужасе полмира встрепенулось.
На нас восстал весь Запад стаей дикой,
Они хотят вновь поиграть с судьбой,
Европа с сущностью своей двуликой
Детей своих готовит на убой!
Да, на убой, иначе быть не может,
Ведь русский не отдаст своей земли,
Он смело голову свою в бою положит
За Родину, где предки полегли!

«Убийцам одесских граждан»

Пирожками давясь на Майдане,
План коварный готовили вы.
И не думал никто утром ранним,
Что Одесса утонет в крови!
Боль не тушат ни слёзы, ни крики
И к отмщенью взывают сердца,
Нет прощенья вам, нечести дикой,
Вижу я приближенье конца!
Да, конец ваш в затылок вам дышит,
Избежать не удастся суда,
Ваши крики и ад весь услышит,
В нём утонете вы навсегда!

У меня как обычно всё,
Рассуждаю о жизни в баре,
Говорю судьбе: «Ё-моё,
Поиграл бы кто на гитаре!»
Не скучаю я ни о ком,
И меня почти все забыли,
Стихов мало на новый том-
Мои музы к другим уплыли.
Но меня не печалит жизнь,
С ней я годы уже на «ты»,
Порой просится душа ввысь
Прочь от серости, пустоты.
В общем, молча, как по реке
От абсурдности в Никуда!
С мирской серостью налегке
Я плыву туда навсегда.

Весна стоит уж на пороге,
Чего ж на сердце тяжело?
Иль сбился я опять с дороги,
В былое снова завело...

В былом я просто наблюдатель,
Над ним мне власти не дано,
Шальной романтик и мечтатель,
В крови которого вино.

Сейчас не блеск в глазах, как прежде,
А лишь ухмылка или грусть,
Были волнующи надежды,
Но всё ушло, ушло... И пусть!

Ах, молодость с безумным ритмом,
Куда умчалась ты стрелой?
Я в положеньи незавидном
Порою в снах мчусь за тобой.

Глядя назад, я вряд ли что-то
Хотел бы в прошлом изменить,
Не покорились все высоты,
Но мне дано было любить!

Не допущу, чтоб сожаленья
В воспоминания вплетались,
Я был не ангел, без сомненья,
Но мне они порой встречались!

В её фото смотрю, грустя...
Незаметно промчались годы,
Но теперь я хотел бы знать,
Где и с кем она дни проводит.
Хоть на миг её увидать,
А потом пусть опять уходит.
Позвонить бы иль написать,
Жаль контакт удалён был мною,
Людей очень легко терять,
За мечтою гонясь шальною.
Лишь лазурь её светлых глаз
В ночном вижу я небосводе.
Развела навсегда жизнь нас-
И меня с ума это сводит.
Трудно с горечью понимать,
Что порой нет второго шанса,
Я роман не сумел написать,
Распыляясь в пустых романсах.

Вспоминаем лица, имена и даты,
Поминаем снова, тех кого уж нет,
Вспоминаем фразы из речей крылатых,
Погасив свтильник, ищем тщетно свет!

Образы рисуем, предков критикуя,
Чтоб отвлечь вниманье от самих себя,
Лишь один безумец, по ночам тоскуя,
Сочиняет оды мотылькам, любя!..

Порой чувств своих боясь,
Говорим мы друг другу ложь,
Над душою своей глумясь,
Кладём сердце под острый нож.
Мы боимся смотреть в глаза
И поэтому тушим свет,
Ведь во мгле не видна слеза,
Той, что ждёт от тебя ответ.
Мы боимся признаться в том,
Что любовь не знакома нам
И что в мире большом, пустом
Есть реальность - на смену снам.

ДЕТИ МУЗ.

Мы, дети муз, всегда такие:
Для всех доступны, всем чужие.
Одних клянём, других мы губим,
Тьму ненавидя, двух-трёх любим.
Живём мы трудно, судьбой играя,
За счастья миг сотни дней страдаем...
Но от заката и до рассвета
Растим мы, поэты, в себе Поэта.

М. Аннет

Привет тебе издалека, Аннет,
Опять года промчались чередою,
Но на письмо последнее ответ
Не получил. А помнишь, мы с тобою
Условились друг друга не забыть,
Справляться о делах и жизни бренной,
Чтоб в памяти могла беспечно плыть
Мечта, которая не может стать забвенной.
Но в тусклый быт прокралась суета,
И стали забывать мы друг про друга,
Не замечая то, что пустота
По жизни гонит нас по замкнутому кругу.
Скажи, моя прекрасная Аннет,
Как пресность отравить смогла нам грёзы,
Как потушить в глазах сумела свет,
И ангелы по нам лить стали слёзы?
Скажи, Аннет, куда ведёт нас путь,
Который нехотя с тобою мы избрали,
В небытии так страшно утонуть,
Поняв, что вечность демоны украли?
Ответь, Аннет, мы встретимся с тобой
Или навек расстались той весною,
Когда решилось хищной злой судьбой
Проститься мне с родною стороною?
Уже бокал не глушит боль мою,
В объятьях муз не нахожу забвенья,
Я пред священником в унынии стою,
А он мне говорит- имей терпенье!
Не знаю я куда, к кому идти,
Передо мною двери все закрыты,

В душе моей тоскливый ветр свистит,
Как в поле, что крестьянином забыто.
Устал взывать я тщетно к небесам,
Боится света в шрамах моё тело,
Под ношей опыта не верю чудесам,
И сердце к чувствам нежным онемело.
Лишь ты порой приходишь в снах ко мне,
В цветущей юности, где мы мечтать умели,
Как хочется остаться мне в том сне,
Где мы, влюблённые, в мир грёз с тобой летели.
Надеюсь я, что, может быть, опять,
Хотя б на миг мы встретимся когда-то .
Я ждал тебя, я жду и буду ждать,
Ведь без тебя душа моя распята.   17.12.2014
Вена/Австрия

По тебе я уже не скучаю,
Не жалею потерянных дней,
О безумной любви не мечтаю
В царстве серых, холодных теней.
Ты ушла, как уходит с рассветом
Игра образов сладкого сна,
Словно песнь с недопетым куплетом,
В зиму вновь обернулась весна.
Так должно было, видимо, статься
Смысла нет в том кого-то винить,
Мы должны научиться прощаться,
Если мы разучились любить.

С кем я пил вновь вчера -уж не помню,
На какие шиши -я не знаю,
Но, видать, я нашёл себе ровню,
Коли боль на лице ощущаю.
Человек я вообще не скандальный,
Просто я впечатлительный очень,
Диалог мой порой неформальный
Полицейский по клавишам строчит.
А вчера, что случилось, кто скажет,
Ведь проснулся в чужой я постели
И оттуда, как вор после кражи
Убегал от влюблённой Аннели.
Вслед она мне кричала: "Скотина!"
Я в ответ помахал лишь рукой
И добавил :" Ни дочку, ни сына
Не рожай - я не первый с тобой".
Где и с кем был вчера ,я не помню,
Может быть, это к лучшему всё же,
Умудрился сыскать себе ровню,
Кто не плохо дать может по роже.

Снова небо над Веной плачет,
Смыть желая земли печаль,
Люди лица от неба прячут,
Так как людям земли не жаль.
Людям неба не жаль ни грамма
И подобных себе не жаль,
Мир - холодная панорама,
Облачённая в дождь-вуаль.
Я люблю погрустить немного
И в других глазах грусть найти,
У судьбы стоя за порогом,
Я не знаю, куда идти.

Ты решила уйти. Иди.
Я держать тебя силой не стану.
Коль не так было что, прости,
И не сыпь ты мне соль на рану!
Ты решила уйти. Ну что ж,
Пусть с другим ты счастливей станешь,
Не разбавь, словно краски, ложь,
Ведь себя саму не обманешь.
Ты решила уйти. Лети
Мотыльком без опаски к свету,
Может сможешь ты там найти,
То, чего в моём мире нету!

М.А.В.

Обо мне ты, видать, позабыла,
Что ж, такое бывает порой,
Пусть не долго, но сильно любила
Ты меня и мой мир непростой.

Благодарен тебе я за это
Всему миру и вечным богам,
Ты была в моей жизни рассветом,
Когда верил ещё чудесам.

Ты надеждой была мне и верой.
Быть любимым дано в мире всем,
Мы ценили всё в чувствах, без меры
Нарушая законы систем.

Но как всякое чистое счастье
Вызвать зависть смогло у других,
Нас постигла разлука ненастьем,
Оборвав недописанный стих.

Нам осталось одно многоточье-
Без концовки безумный роман,
Лишь порою глубокою ночью
Возвращаемся в снах мы к мечтам.

Ты была мне и будешь родною,
Память скажет чрез годы мне вновь,
То, что нужно всем людям порою-
Вспоминать, что есть в мире любовь!

Ну, здравствуй, Осень, старая подруга,
Давай нальём в бокалы мы вина.
Камин дрожит огнём, как от испуга,
Не распознав за стёклами окна
Твоей красы торжественно печальной
Закрытой сетью мелкого дождя,
Так и осталась ты сентиментальной,
Любви взаимной в людях не найдя.
И я, родная, также одинокий,
Но одиночество не гложет сердце мне,
С тобой вдвоём мы жизни смысл глубокий
Быстрей найдём в мечтаньях и в вине.
За эти месяцы ничто не изменилось,
Мир недовольством болен, как всегда,
А ты мне,Осень, в снах так часто снилась...
Всё остальное, впрочем, ерунда.

Ок...е М.

Без тебя меня солнце не греет,
Без тебя звёзды мне не видны.
Лишь камин сиротливо тлеет,
Без тебя- чёрно-белые сны!..
Без тебя одиночество гложет
Мою душу и сердце моё.
Тропку жизни лишь снегом порошит,
И над нею кричит воронье!..

Нет, не боюсь я смерти,
Смерть это - тихий сон,
Здесь на земле живут черти,
Здесь вечный боли стон!
И пусть звучит наивно-
Смерть дарит нам покой.
Небо ко всем пассивно-
Демон ты иль святой!
И не трясите рясой,
Библией и крестом,
Вечные лоботрясы,
Зачатые грехом!..
Бог, да он есть, я знаю,
Бог есть во всём живом,
Бог это тот, кто прощает
Сегодня, вчера, потом!

„Анастасие Дмитрук и Украм и другим свидомым“
Вы не можете быть нам братьями,
Ни родными,ни даже сводными
Мы славяне, а вы предатели,
Мы с историей, вы- безродные!
Земли русские собирали мы,
Во единую Русь священную
И врагов вокруг было тьмы и тьмы,
Вы в семью к нам пришли с изменою.
Вы о воле и слыхом не слышали,

Ведь вы были всегда вассалами,
Сотни лет пред судьбою хныкали
Всем народом, как дети малые.
И когда же вы были смелыми
С немчурою или со шведами,
Ваша верность ценилась «мерами»,
Пораженьями - не победами.
Да мы, русские, все наивные,
Вас прощали, раскрыв объятия,
И дарили подарки дивные,
Те, что могут дарить лишь братья!
Вы считали себя великими
Под защитой России крепкою,
Но вы стали, как звери дикие,
С сатанинской на морде меткою!
Всё святое позорно рушите,
То, что дали мы вам когда-то,
Как рабы, свою волю душите
За медяк, серебро иль злато.

Я снова в мире масок и теней,
В стихии полузвуков и тонов,
Где чувства, как валюта, на размен
И где свобода любит груз оков!
Безумный мир, к тебе я возвратился,
Как блудный сын, вернулся я домой,
С мечтой своею временно простился,
Отняв у сердца право на покой!

Об украинской "революции"
Всё это только лакировка,
Врага врагом нам сменят вновь,
Звучат серебряники звонко,
Так что ещё прольётся кровь!..
Давно нас травят друг на друга
Будто бойцовских злобных псов,
Чтоб те, кто братом был иль другом
Стал ужасом кошмарных снов!..
Ни Бог, ни дьявол виноваты
В том, что беда в наш дом пришла,
Ведь Истина людьми распята,
И воцарилась злая мгла!..

Поедает мне душу обида
За разлад средь славян и войну,
Что заморская мерзкая гнида
Обагрила нам кровью весну.
И сжимается сердце от боли,
Что стреляют свои по своим,
Шут безумный играться изволил,
Ведь он демону побратим.
Эх народ, ты народ иль стадо,
Где же воля твои и дух,
Сколько тысяч убитых надо,
Чтоб ты понял - кто враг, а кто друг?!

Он думал он - поэт, он - личность,
Читал стихи и бил бокалы.
Жизнь эмигрантов, их двуличность
В нём убивали идеалы!..
Одни ушли, других он бросил,
Страдал похмельем одиноко,
А на виски ложилась проседь,
Болело сердце раньше срока!..
Вот так прошли года, как стрелки
Проходят круг на циферблате,
За все разгулы и проделки
Теперь один лежит в палате!..
И та, которую звал Музой
Ушла в объятия к другому,
Он, сын порочного союза,
Впал то ли в транс, а то ли в кому!..

Пора домой, уж полночь за окном,
Но я опять заказ свой повторяю,
Мешаю водку с пивом и вином
И, охмелев, в былое улетаю...
Пора домой, но кто меня там ждёт,
Кроме холодных окон глаз печальных?
И в сердце грусть пиявкой кровь сосёт,
А душу -звуки службы поминальной
Наполнят вновь, ведь реквием мечты,
Полёта дерзкого уже мы доиграли.
Со всеми Смерть всегда была на ты,
А мы, глупцы, о вечности мечтали!..

Говорил мне дешёвый "друг"
О достоинстве, верности, чести.
И знакомых моих весь круг
Не гнушался подобной лести!..
А я молча сидел и пил,
Удивляясь театру жизни,
Ангел мой за плечом грустил,
Так как слышал уж звуки тризны...
Коль сумеешь, Господь, прости
Не других, а меня за слабость,
Что не смог, как Твой Сын, любить
Овладевшую миром гадость!..

Я хочу поцелуем растаять
На губах твоих и на груди,
В оде страсти Амура восславить,
Свет мой Ксюша, ко мне ты приди!
Без тебя мне дышать невозможно,
Без тебя этот мир мне не мил,
Ты прости, что неосторожно
И безумно тебя полюбил!
Ты владеешь моей душою,
Моё сердце в плену у тебя,
Я готов быть смирён пред тобою
И коль надо, погибнуть любя!

"Бабочку" я полюбил беззаветно,
С нею хотел научиться летать,
И хоть подобные связи запретны,
Нам тогда было на это плевать!
И пусть ханжа нас за это осудит,
Только за то, что не в силах понять,
Если любовь порою и губит,
Это так сладко, любя, умирать!

Не печалься, моя любимая,
Ты о том, что наш мир жесток.
В твоё сердце, судьбой ранимое,
Пусть сомненья не бьют как ток.
Не печалься, моя любимая,
И не лей втайне горьких слёз,
Ты не всеми, поверь, гонимая,
Я-то верю в тебя всерьёз!
Не печалься, моя любимая,
Не впускай в своё сердце страх.
Я с тобою, моя родимая,
Наше счастье у нас в руках.
Не печалься, моя любимая,
Знай, что радость и к нам придет.
Радость эта, любовью творимая,
Даст и веру, и сил на взлёт!

На полуслове обрываясь,
Расстаял он во мгле ночной,
Мечтой несбыточной терзаясь,
Как бледный призрак под луной.
Мерцают словно бриллианты
Огни небес над головой,
И быль времён древней Атланты
Надежды дарит и покой.
А завтра ты вернёшься снова
В мирскую спешку, суету,
Смысл недосказанного слова
С рассветом канет в пустоту...

Я стихов тебе не писал,
И на встречу цветы не нёс,
Чувства с криком в душе скрывал,
Боясь верить, что всё всерьёз...
На мечту наложил запрет,
Вновь любви оборвав полёт...
Странный я эгоист-поэт,
Тот, кто сам себе лжёт и лжёт...

Ты прости, я не в силах понять
И принять твои чувства ко мне,
Разучился давно я мечтать
И живу свою жизнь, как во сне!..
Все иллюзии я растерял
И надежды мои, и мечты
От того, что я сильно устал
Рушить стены и строть мосты!..

Не судите поэта, люди,
За порою крутой его нрав,
От поэта ничто не убудет,
Ведь поэт изначально прав!..
Вы не плюйте в него презренно,
Лишь за странность и дым в глазах,
Знайте, всё под луною тленно,
Кроме пережитого в стихах!..
На распятье его не гоните,
Чтоб в веках не нести позор
Ведь поэт, как звезда в зените,
Кому честь, а кому приговор!..

Говорят, что гении - эгоисты страшные
И для скромных девушек, как огонь опасные.
Верность в отношениях- им понятье чуждое,
Постоянство тихое словно вещь ненужная!..
Говорят, что гении - ангелы-изгнанники
И в просторах времени, как пророки-странники,
Потому вам, смертные, истина их чуждая,
Но как свет во тьме слепой для спасенья нужная!..
Не судить, а слушать их свыше предназначено,
Чтоб впустую ваша жизнь не была растрачена...
Прежде чем их упрекать за грехи и слабости
Посмотрите внутрь себя, сколько там есть
гадости!..

Клич журавлей, словно песня прощальная,
А солнца лик стал подобен луне.
Миром всем правит вновь осень печальная,
Миром, который как будто во сне!..
Снова блуждаю я в парке тоскуючи,
Будто пытаюсь там что-то найти,
Ветер, беспечно с листвою танцующий,
Шепчет мне : "Прошлое ты отпусти!"
Сам не пойму, почему, неприкаянный,
Память больную тревожу опять
И,будто зверь, одинокий и раненый
Раны стараюсь свои зализать...

Мы по-русски с тобой познакомились,
А простились,увы, по-английски...
Вновь мечты и реальность поссорились.
А последний удар нанёс близкий!..
Треугольник в любви - штука мерзкая,
Как дешёвого фильма сценарий,
А судьба, эта стерва дерзкая
Любит игры продажных тварей!..
И обида, и злость здесь лишние,
Карта бита, пора домой.
Все мы духом, поверьте, нищие,
Перепутали жизнь с игрой!..

Странный народ вы, поэты,
Верите спьяну в любовь,
Все попирая заветы,
Портите вновь чью-то кровь!
Что же толкает вас снова
В чёрную бездну веков,
Слуги покорные слова,
Вечные пленники снов?!
Нет, вам не нужно покоя,
Он вам опасен, как яд,
Странники вы и изгои,
Гордо шагаете в Ад!..

Смотрю, мой друг, в твои глаза,
В них вижу боль с немой тоскою,
На волю просится слеза,
Кому нужны мы здесь с тобою?
Хотя, мой друг, печалиться зачем,
Наш дом открыт для всех без исключенья.
Вчерашний ужин я с тобой доем
И залечу тяжелое похмелье.
Прижмёмся мы друг к другу как всегда,
Начнем смотреть игру ночных огней,
Поверь, мой милый, горе не беда,
Мороза нет ещё. И нет дождей.
Мы в наших снах забудем этот мир,
Его приют холодный покидая,
Там ожидает нас роскошный пир
И звуки серенад блаженных Рая!..
PS. Это стихотворение я написал,сидя в венском
кафе и наблюдая за бездомным и его собакой.

Устав стучать в безответное сердце,
Я удалюсь вновь в потёмки души.
Выпив текилы иль водки с перцем,
Начну, как прежде, опять грешить...
Я не скажу, что мне это ново:
Влюбляться в тех, кому я не мил.
Любовь для многих банальное слово,
А я любовью живу и жил!..

Жить спешим, совершая ошибки,
Мы как плот в океане сует,
Разменяв на сарказмы улыбки,
Ищем истину, где её нет.
И мечтаем о чём-то великом,
Веря в избранность слепо свою,
Чтоб потом всем безбожно, двулико,
Ложно клясться : " Для мира горю!"

Вся жизнь - иллюзия, любовь - самообман,
А мы лишь кадры в фильме первозданья.
А тот, кто Бытия писал роман,
Обрек не тех героев на страданья...
Не рай, не ад нас ждут в конце концов,
Там нет наград и нету наказаний...
Там нет надежд, утех и сладких снов,
Ни встречь с объятьями там нет, ни расставаний!..

Вы простите, что вас беспокоит
Своей страстью бездарный поэт
И иллюзии глупые строит,
Что добьётся он "да" после "нет"!
Вы простите, что он позабылся
И реальность сменил на мечту.
И так слепо и глупо влюбился
В хладнокровную красоту...
Он вернётся вновь в мир настоящий
И дешёвым вином зальёт боль,
Чтоб в стихах, перегаром разящих,
Доиграть для судьбы своей роль!

Почему же опять я, как прежде,
Все уроки судьбы позабыв,
Вновь доверился сердцем невежде,
Как змею на груди приютив?
Эх, ты, глупое сердце поэта...
Нет любви в этом мире давно,
Ты напрасно,мой друг, ищешь света,
На свету будешь слеп всё равно...

Техническую и поэтическую
Под коксом вершат Революцию,
Мусульманскую и католическую
Катают на всех Конституцию!..
И сам Бог с обезьяной древнею,
Удивлённые от прогресса
По мозгам бьют нам, как по кремнию,
Интеллект измеряя весом!
Всё игра это иль пародия,
Иль трагедия театральная?
Нить от Ленина до Мавродия
Вьётся сквозь времена печальные!..

Е.С.

Всё пролетало мимо,
Как будто бы кадры фильма,
Отчужденно, но ранимо,
Немыслимо, но так сильно!

Мечталось, хотелось верить,
Что это не сериал,
Но трудно порой измерить
Фантазию и реал!..

Безвременно, уходим понемногу
В неведомый живущим мир,
Нас провожают в ту дорогу
Без звуков цимбал или лир.
Мы оставляем за собою
Веретено из грёз и снов,
Будто потёртою сумою
Мертво лежит груз тёплых слов,
Что мы сказать порой стеснялись
Иль не хотели, не смогли,
Слова лишь мыслями остались
В глубинах сердца, как в пыли...
А где-то бродит недалёко
Наша забвенная Мечта,
Ей холодно и одиноко,
Иней покрыл её уста...
А ведь мы все смысл искали,
Учились жизни, но не жить,
Учились жизни и не знали,
Что "жить" равняется "любить"!..

И опять, всё как-будто снится,
Ночь и призраки серых тучь,
Нам с Луною двоим не спится,
Память, смолкни, меня не мучь...
Холодильник, в нём полбутылки,
Нет закуски, сойдёт и так,
Я вчерашний романтик пылкий,
Разменял мечты на пятак...
Строка пляшет моя неровно,
Мысль под градусом окосела,
Относительно иль условно -
Юность песню свою отпела...

Предлагаешь остаться другом
Только, как это, мне ответь,
Кто из нас смотрит в жизнь с испугом
И боится судьбы злой плеть?..
Обмануть ведь себя не сложно,
Но зачем нам с тобой обман,
Быть друзьями нам невозможно
Пусть расеется лжи туман...
Там где чувства когда-то были,
Лишь осколки былой мечты,
Было б лучше если б забыли-
Ты, кто я, ну а я, кто ты.

Рассечь бы пространство и время,
К истокам Земли улететь,
Оставив здесь памяти бремя
И опыта горькую плеть.
С душою опять молодою,
С восторгом наш мир познавать,
Следя за Полярной звездою,
Вновь вестника Божьего ждать.
И верить, что мир бесконечен,
И то, что бесмертна душа,
Что Бог в небесах безупречен
И ангелы там не грешат.
Но это, увы, невозможно,
Реальностью скованы мы,
Что истинно или что ложно
Диктуют нам отпрыски тьмы.
Веками в потоке событий
Стремимся толпой в Никуда,
С деньгами ты как небожитель,
Без денег сплошная беда.
Мы ценности все растеряли,
В сердцах наших холод и мрак,
Не Бога, себя мы распяли,
Свободу продав за пятак.

Так случилось, что поэту
Патриотом быть не модно.
Новый путь, ведущий к свету,
Чужд трагедии народной.
Главное, быть либералом
И кричать о тирании,
А по сути маргиналом
С несусветной истерией!..
05.02.1016

Вена, Австрия

Ты не думай, уже не больно,
Ведь не впервый раз в спину бьёшь.
Ты безпринципный и безвольный,
Против ветра зачем плюёшь?..
Мне знакомы твои интриги,
Их предвидеть я мог без слов,
Чувства ты свои, как барыги
Смог сменить на животный зов...
Нет, обиды я не питаю
Ни к тебе ни к другим "друзьям",
Скажу больше, я вас прощаю,
Чтоб не стать вдруг подобным вам.

Любимой женщине на 8-е марта
С Днём женским я хочу тебя поздравить,
За то, что ты со мной, благодарить!
Не всё порою гладко, что лукавить,
Но я с тобой одной хотел бы быть.
Мечты с тобой имели мы. Ах, грёзы!
Что-то сбылось из них, а что-то нет,
Но ты всегда старалась прятать слёзы
И в серость быта моего вносила свет.
Ты понимала – не был идиалом,
Но веру в лучшее смогла мне подарить,
Обязан всем тебе, большим и малым,
И что не разучился я любить!

Нас уносило ветром перемен,
Как листья клёна, сорванных грозою,
Из-за чужих коварнейших измен
Кусали губы в кровь, давясь слезою.

Нас не прогнали, сами мы ушли,
Других в Союзе тоже ведь не гнали,
Их просто в ночь куда-то увели,
И под луной, как по волкам стреляли.

А изменилось ли хоть что-нибудь с тех пор?-
Спросить нам хочется, да мы того боимся!..
Ложь с правдою ведут свой вечный спор,
А мы на правду почему-то злимся.

На горы смотрю сквозь решётки –квадраты,
В лицо бьют колючие ветер и снег...
Отметины жизни – утраты, утраты
И мой бестолковый, безудержный бег.

Жалею о том, что утрачено было,
Скучаю по тем я, с кем был разлучён,
Одних отняла уж навеки могила,
Другими забыт, их вниманья лишён.

Мои сожаленья, печали напрасны,
Былое не надобно уж бередить,
А скинуть пора груз бездушный, безгласный,
Навеки забыться иль всех позабыть.

Один прыжок, казалось, и – свобода!
Один прыжок – там жизнь и неизвестность.
Один проход по краю небосвода,
Один лишь взмах, что побеждает тленность.

Падение звезды, огонь рассвета
И встреча солнца с месяцем тоскливым,
И синь планеты проплывает где-то,
Туманным облаком, жемчужиною Нила.

Один прыжок, теории напрасны,
Паденье тела и его фантом
Не совместимы, только крик безгласный
Во взгляде до бескрайности пустом...

Руснак С.Д.

Я покинул родимый дом,
Бросив беглый, прощальный взгляд...
Бабка плакала за окном,
Знала, что не вернусь назад...

Грусть на плечи легла сумой,
В сердце вкрались тоска и страх...
В неизвестность ушёл весной
С чувством боли тупой в висках.

Месяц ждал меня верный пёс
И потом под сиренью издох.
Жизнь пошла моя под откос-
Видно бог мой давно оглох...

Что ж, простите все те, кто ждал,
Перед вами я в вечном долгу,
Не сердитесь, что не писал -
Я смириться никак не могу,

Что судьба, как чужая мать,
Прогнала меня в злую ночь.
Негде правды моей искать-
Её тоже прогнали прочь.

Эрнсту Ш.

Иногда спрошу себя я тихо,
Как случилось, что я стал поэт,
Что подвигло...счастье или лихо?
Но в душе не слышу я ответ!

И тогда бегу в воспоминанья,
Их кручу, как киноленту, я:
Радость, боли, встречи, расставанья...
Эта жизнь как будто не моя!

Я и сам порой не понимаю,
Что ищу, что надо для души,
В сумерках сознания блуждаю,
Где реальность? И где миражи?

Сопьюсь, быть может, иль сойду с ума.
Мне всё равно... Здесь никому не важно,
О ком так по ночам грустит луна
И почему глаза ее так влажны.

Митяй Г.И.

Сколько нас разбросано по свету,
Нерадивых сыновей страны,
Тех, кому нигде пристанищ нету,
И кого изгнали без вины?!

В землях, чуждых для себя, скитаясь,
Или в городском сидя плену,
За грехи, которых нет, покаясь,
Жизни рвем мы тонкую струну...

Сколько их ещё придёт, быть может,
Тех, мечтающих о рае на земле?
Что сказать им? Пусть им Бог поможет,
Чтоб не сгнить беследно в этой мгле.

Я ж устал и мне пора к родному,
Родина и предки, ваш я весь,
Не молился Богу я чужому,
О тебе, страна моя, звучала песнь!

Коц И.

Нет, милый друг, болезнями не болен,
Которые известны докторам,
Я участью своей вполне доволен,
Так что не надо волноваться вам.

Я знал, к чему иду, когда в пустыне лиру
В песке сухом случайно я нашёл,
А с ней судьбу – скитания по миру,
Как деву без приданого, обрёл.

Пусть говорят, что выбирать другое
Для жизни надо было мне тогда,
И я бы мог не стать мирским изгоем,
Но и поэтом я не стал бы никогда!..

Г. О.

Ну вот и всё! – ты смотришь в пустоту,
Прошли года и люди изменились,
Переступив забвения черту,
Мечты твои туманом растворились...

Ну вот и всё! – и нечего пенять
Судьбу свою и ангелов небесных.
Ведь не хотел ты и не мог понять
То, что без жертв нет в мире связей тесных!

ОТЧАЯНИЕ.

Я приношу тебе, Боже, молитву
В час, когда снова остался один,
В час, когда сердцем и духом поник я,
Зная, что ты мой Спаситель один.
Как я устал нести бремя сей жизни,
Годы скитаний разбили меня,
И по любви отыграла уж тризна,
Тяжестью боли меня осеня...

Господи, ты меня слышишь? Ты видишь
Тела мучения сдержанный стон?
Может, за что-то меня ненавидишь?
Может, проклятьем мой зов приглушен?!
Господи, нет уже больше терпенья,
Сил не хватает мне дальше идти.
Боже, прими, ведь твоё я творенье,
Боже, прими же, прими и прости...

Я ПОХОЖ НА ЗАБРОШЕННЫЙ ДОМ...

В глазах моих, как в окнах, пустота,
Тут мрачно, холод, нет былого света.
Прошедших лет открытость, чистота
Ушли, как Муза, не простясь с поэтом.
Напрасно вновь ты хочешь разбудить
Всё то, что жизнь свою давно отжило,
Былое не вернуть, не воскресить,
Оно от нас навек давно уплыло.
Поэтому оставь меня, простив,
Что погасил огонь твоих мечтаний,
Запретный плод единожды вкусив,
Я обречен навек для расставаний...

Жеребко В.Н.

От Родины меня оторвало,
Как лист от клёна, ветром неспокойным,
И вдаль меня по жизни понесло
То под дождями, то под солнцем знойным.

Но я был рад, что я могу летать
И чувствовать себя совсем свободным!
Тогда ещё не мог понять,
Что стал навеки и для всех безродным...

Судьба моя, неси меня, неси,
Не сожалею я, что рано вяну!
И в граде славы боевой Руси
Меня однажды, может быть, помянут...

Зачем мне часто говорили "друг",
 С улыбкою в бокал мне яд вливая?
Потом я понял, что попал в тот круг,
В котором искренность- иллюзия пустая!

Нет, я винить ни в чем вас не хочу,
Таков природы вашей дух растленный,
В последний раз сквозь боль я промолчу,
Разбавя яд ваш водкой в моих венах!

Карабаджак Р.

Да, милый друг, оставить в этом мире
Хотел и я когда-то лёгкий след,
Серой толпе играл на звонкой лире,
Но безразличен был массы немой ответ.

Да, я пишу ещё порою строки
В блокнот своей дрожащею рукой,
Моих мечтаний выжатые соки
В реальность льются, как в песок сухой.

И эти соки, будто влаги пятна,
На раскалённых камнях, не живых.
К чему они возникли? Непонятно...
Как это, впрочем, непонятный стих.

Ты будешь помнить меня и скучать,
Тогда, когда я уйду навсегда:
Ты будешь встречи со мною желать
И знать, что я не вернусь никогда!..

Ты будешь помнить потом, не сейчас.
Ты будешь помнить о том, чего нет...
Слеза сорвётся с ресниц твоих глаз,
Как запоздавший к вопросам ответ!..

И я забыть ничего не смогу,
Хоть и сожгу листы памяти нашей –
Значенье слов «без тебя не могу»,
Я цветом чёрным навеки закрашу!..

Зачем терзаться? Всё пройдёт, как дым!
Зачем грустить о том, что не случилось?
Ты не согласен быть, как все, простым,
Но у судьбы скупой ты просишь милость.

Ты горд! Но чем? Ответь это себе-
Зачем тебе так важно чьё-то мненье?
Ты вечно в несогласии, в борьбе,
И для других, и для себя – мученье!

Всё, всё пройдёт! И ты уйдёшь, и мы,
Зачем себя растрачивать напрасно,
Ведь не найдёшь ты света в царстве тьмы,
Ужели до сих пор тебе не ясно?!

Всё это так, увы! А, может, нет?
Надеяться, иль жить одним мгновеньем?!
Закат, похожий чем-то на рассвет,
Инь-янь – слияние признания с забвеньем...

Я смотрю на тебя сквозь призму
В никуда, будто пленник снов...
Почему называл я жизнью –
Сочетанье фальшивых слов?!..

Я в реальность вплетал иллюзии
Разбавляя рэд-буллом водку,
Страсть сплеталась в инь-янь с конфузией...
Ну зачем за тебя рвал глотку?!

Не топтал я паркеты в детстве,
Не разучивал партитуры...
Кто был целью из нас, кто был средством,
И кто сволочь в своей натуре?

Нас рассудят, быть может, люди
Или Бог, я того не знаю...
От тебя ничего не убудет,
Ведь не злюсь я уже... Презираю!

«Европейские русские lady»

Вы просыпаетесь, смеясь, в чужой постели,
Попутным ветром вас в Европу занесло,
Добились вы того, чего хотели,
Завидует вам кто-то – повезло!..
Всегда одеты в платья дорогие,
И пахнете шанелью номер пять,
 Принцессы деревенские России
Под леди всё пытаетесь сыграть.
Вам открывают двери в ресторанах,
Вам всячески готовы услужить,
Вас ждут на балах и обедах званых,
С богатыми хотите лишь дружить.
Порхаете красивым мотыльком
У света яркого, вы с ним хотите слиться,
Но не мелькает под причёски завитком
Такая мысль, что вам всё это снится?!
Но, видно, нет.. Забыли обо всём,
Есть этот миг, другого вам не надо,
Пусть всё лишь – ложь, вам это нипочём,
Она звучит для вас, как серенада...

Лишь через годы вспомните опять
Свои деревни, улицы родные,
Да вряд ли кто-то вас там будет ждать,
Вы здесь и там - всем будете чужие!

Прости, забудь, перечеркни
Знакомство, словно лист бумаги...
Не буду я кричать – верни
Всё то, что было между нами.

Прости, что я понять не смог,
Не созданы мы друг для друга,
Что был, как раб у твоих ног,
Насмешкою твоим подругам.

Прости, забудь, я ухожу,
Чтоб вновь к тебе не возвращаться,
Устал ходить, как по ножу,
И, ненавидя, преклоняться!

Вдохновенье моё иссякло,
Моя Муза к другому ушла.
То ль обидно, то ль просто жалко,
Что моложе меня нашла.
Мы приходим в мир и уходим,
Оставляя недолгий след,
В жизни смысла не все находим
И не все порой видим свет.
Мы приходим в мир со слезами,
Покидаем его с тоской,
Те, кто был иль придёт за нами,
Все мы - в Лету идущий строй.

Об оранжевой революции
Какая нам нужна свобода?
Лишь покричать, а после пить!..
Такая воля у народа,
Так жил народ и будет жить!..

Я помню эти барикады
И флаги, и потешный суд,
Вожди, всё те же казнокрады,
Дурманили свой глупый люд!..

Потом гулянье до рассвета,
А на рассвете, тут как тут
«ОМОН» - кто в касках, кто в беретах,
Очистил «княжеский» маршрут!..

УКРАИНЕ
Люблю тебя!
Мне слов других не надо.
Люблю тебя!
Хоть изгнан был тобой.
Люблю тебя!
Лишь ты – моя отрада.
Люблю тебя!
      Сын нелюбимый твой!

Открой мне тайну своей любви,
Открой мне тайну своей печали,
На юг летят от нас журавли,
А нам нельзя в те чужие дали.

Мы остаёмся в плену забот,
Нас крепко держат слова: «я должен».
Обован нашей мечты полёт
И мы поём тот куплет, что ложен.

За нас решили, что нам к лицу,
Надели маски из прочной стали
И рукоплещем толпой глупцу,
Глаза которого нас сжигали.

Видать свободы боимся мы,
Коль выбор сделан «единогласно»,
Нам проще жить в этом царстве Тьмы,
Где запрещено быть несогласным!..

Псевдопатриотам

Я устал наблюдать бесконечно,
За игрой вашей жизни пустой.
Торгаши вы все, все безупречно,
С мёртвым сердцем и тёмной душой.
Вы торгуете всем, чем возможно,
Продаёте других и себя,
Не знакомо вам -"правильно", "ложно",
Жизнь влачёте- ничто не любя.

Идеалы пытаетесь строить
Лицемерия маску одев,
"Ваша сущность копейки не стоит"-
Скажет каждый, на вас поглядев.
Но вы пыжитесь, чем-то гордитесь
Не скрывая природный свой срам,
Вашу грязь освятить вы стремитесь
Паразиты привитые к нам.

Учили нас друг друга ненавидеть,
Стрелять в упор и словом, и ружьем,
Но я хотел мир по-другому видеть,
Где б мы сидели за одним столом.
Я протяну тебе навстречу руку
И приглашу тебя зайти в мой дом,
И вера - вот решения порука,
Что вместе можем справиться со злом!
Шагнем, друзья, навстречу без боязни,
Забыв на время принципы свои!
За перемирье я и против казни,
За мир, где осуждаются бои!

Я б поехал в Китай,
Но сейчас я в Париже.
То привет, то прощай,
То вдали я, то ближе.

То в забвенье душа,
То в тревоге несносной,
Я живу чуть греша,
Забывая, что взрослый!..

Руслану Карабаджаку, Рублёву Сергею

Здравствуй, друг мой далёкий!
Как житьё- бытьё?
До сих пор одинокий
Иль что скажешь на ё...?

Да, мой зёма, не легко
Лямку жизни тянуть,
А для счастия только
Хоть разок бы вдохнуть

Свежий воздух свободно,
Позабыв обо всём.
Так бы раз ежегодно
Не была б жизнь ярмом.

Друг мой милый, я знаю,
Что не лёгок наш путь,
Больше года блуждаю
По Европе - где ж суть?..

Да и нет этой сути,
Нет, на этом и всё.
Жизнь - одно перепутье,
Что моё, что твоё.

Как слепые котята
Мы блуждаем во тьме,
Что грешно и что свято
Глупо ищем извне.

А ведь надо не много:
Лишь в себя заглянуть.
Да, не надо другого-
И ты сможешь вдохнуть

Столько свежести, воли!..
Ну а после вздохнуть,

Поправ жизни все роли,
Смело в Вечность шагнуть.
Вот мои настроенья,
Вот мой данный итог.
Это, брат, не ученье,
Не рифмованный слог.
Это то, что искалось,
Это то, что нашлось,
Знаю, это лишь малость,
Но хоть что-то далось.
Не согласен коль будешь,
Смело мне напиши,
Может, что-то разбудишь
В моей сонной глуши.
А теперь попрощаюсь
Вновь с тобою, мой друг,
Быть готов обещаюсь
Я тебе для услуг.
PS.
Мой привет для Дуная,
Мой привет для Днепра,
Ох, как часто блуждал я
Вдоль тех рек до утра.
Мой привет морям нашим,
И степям, и горам;
В целом мире нет краше
Я вернусь, вернусь к вам!

ОДА КАСТРЮЛЕГОЛОВЫМ

В честь празднования двухлетия
майданной пэрэмогы

Два года прошло «пэрэмогы» народной,
Небесную сотню, жаль, в рай не пустили...
Ну, что Украина, ты стала свободной,
В Союз европейский вам двери открыли??!
Два года великие укры у власти
Бакаи и гройсманы путь освещают,
Народ украинский весь в шоке от счастья,
Хероям Майдана здоровья желает!..
Избавились вы от проблемного Крыма,
Донбас стал заслоном от злостной России,
Был укр основателем древнего Рима,
Вы мудростью вашей весь мир просветили!
Виват Украине, великой державе
Трусы и кастрюли на новом гербу,
Завидует мир вашей моще и славе,
А я вас, родимые, видел в гробу!

Я подметил одну деталь –
Если гнил человек и порочен
И святого ему не жаль,
То мирок его очень прочен.
Наплевав на всё свысока,
Срамоты своей не стесняясь,
Жизнь искусства сложна и тонка,
И в ней нет места слову «каюсь»!..
Красота не спасёт наш мир,
Красоту подменили срамом,
В наших душах шабаш, а не пир,
Ветер воет с тоской над храмом!..

Е.С.

Мы себе запрещаем любить
От неверия или от страха,
Но скажи мне, как можно жить
В ожидании личного краха?..
Как жить можно без чувств и желаний,
Без мечты и без веры в других?..
Мы боимся судьбы испытаний
И поэтому голос наш тих...
Только в снах видим мир по-другому
В них друг к другу навстречу спешим,
Нам реальность набила оскому,
От неё в мир Морфея летим!..

Было многое в прошлом нам всё равно,
Спотыкаясь, вставали и дальше шли,
У судьбы отбирали, что не дано
От рождения было. Лежа в пыли
Мы мечтали взлететь не имея крыл,
Нам казалось на всё у нас хватит сил!..

Но с годами от бега устали мы
Перейдя постепено в нескорый шаг,
Повзрослев забоялись - сумы, тюрьмы -
Опустив навсегда мечты юной флаг.
И лишь в снах иногда покоряем высь,
От которой в реальности отреклись!..

Т. З.

Она сказала: "Если б я знала..."
А он подумал: "Что ж я скрывал?!
Она ж летать в облаках мечтала,
А я улыбался в ответ и молчал!"
Она о мужчинах своих говорила
С ухмылкой, легкой улыбкой порой,
А у него в жилах кровь так стыла,
Что он на себя и весь мир был злой!
Пробило время...Пора расставаться!
Она - к себе, а он в ночь, в пустоту...
Никто их них не хотел признаться,
Что верил в чувства, верил в мечту!

ЭМИГРАНТАМ
Русским убивающих в себе русских

Уж двадцать лет страна умом скудела,
Мы разбегались, кто куда могли,
Наивность с глупостью попрали все пределы,
В заморский Рай, презрев родное, шли.

Фальшивой болью о покинутой России
Пиарились цинично в соцсетях,
Россия ж на Голгофу, как Мессия
Простив предателей, несла свой крест в цепях.

Звон серебра, голодный рык утробы,
Зов разума сумели заглушить,
Любовь убита завистью и злобой,
Но мы пытаемся учить кого-то жить.

Но, кто же мы? – презренные вассалы,
Те, кто продал свободу за пятак,
Те, чей язык, как скорпиона жало,
Те, кому Правда стала злейший враг.

Ответьте мне – кто дал вам это право,
Бежавшим, словно крысы с корабля,
Лить ложь на Русь налево и направо,
И как вас носит до сих пор земля?

А не боитесь ли, что в день один прекрасный
Вам надоест Европы мишура,
Что путь скитаний был увы, напрасным,

А сердце скажет, что домой пора?!

Какими вы посмотрите глазами
В лица людей, в окна-глаза домов,
Во всё, что вы годами презирали,
Злословили, со скрежетом зубов?

Нет мудрости и глупости границы
И каждый волен выбирать свой путь,
Но чтоб не стать своей души убийцей
Ты, человек, хоть Человеком будь!

PS. Данное стихотворение не имеет отношение ко
всем эмигрантам!

"Легко прощаться и любить не обязуясь,
Милок, ты научился очень рано".
Она сказала мне собой любуясь
Пред зеркалом, как будто без изъяна
Дана мне смертному была богами свыше.
А я стоял, похож на истукана,
Ведь мне, как говорят - срывало крышу.
"Ты меня будешь помнить и желать,
Боготворить и проклинать, когда уйду я...",
Подумал я - иди же, твою мать,
Но произнес, что я умру тоскуя...
Банальна предыстория любви -
В ней садо-мазо с нежностью в контрасте...
Коль не глупец, то каждый миг лови,
Чтоб умирать и воскресать от страсти!

Е.С. (послесловие)

Я всё сжёг, как ты и просила,
Горькой выпил не закусив,
Страсть к иллюзиям уж остыла
Породившая слов разлив...
Мне знаком был мороз с дней юных
И для сердца привычна боль,
Не схвачусь за подол Фортуны
Мне противна такая роль.
Понимали ли мы друг друга
Нам не важен ответ давно,
Жизнь скучна когда ходишь кругом,
А в душе где нет чувств темно.
В темноту души одинокой
Не хочу впускать вновь мечты,
В Пустоте без границ, глубокой
С Богом я говорю на "ты".

Мы остались без Родины,
Мы остались без имени,
Нам сменили историю
Дети вражьих систем.
Мы идём направлением
В новый Рай, по костям отцов,
Мы плюём на их принципы
И на суть "бытия"!..

МНЕ СНИЛСЯ СОН

Я молча уйду, ни о ком не тоскуя,
Одна лишь рябина взгрустнёт обо мне,
Никто не заплачет, прощаясь, целуя,
И боль не утопит в креплёном вине...
Уйду незамеченным, слабо хромая...
А, может, со временем вспомнят меня:
- Где Мишку-то носит, не видно уж с мая,
Не запил ли снова, судьбину кляня?
Потом по старинке, решат двое-трое
Меня навестить, чтоб послушать мой бред.
На стук и звонки- лишь молчанье глухое.
Минут через пять недовольный сосед
Им рявкнет спросонья: "Да нет его, нет!"
- Вот Мишка, зараза, ишь, выкинул номер-
С утра утащился! Зря брали билет...
-Да, зря вы пришли, ведь полгода, как помер...

Я бедный поэт богемы,
С меня совсем нечего взять,
Мне ваши чужды дилеммы,
Я сам себя смог распять.

Слова мои словно слёзы
На белом листе судьбы
И топчет мечты, как розы
Пегас становясь на дыбы.

Со всеми на ты, без лести
Старался я говорить,
А те, кто не ведал чести
Могли разве что язвить.

Я с юных дней стал актёром,
Играл в пьесе - "ce la vie",
Играл, как вы все - с задором,
С огнём в молодой крови.

Поэтому вы не в праве
За что-то меня судить,
Играл я, но не лукавил,
Играл, чтобы дальше жить.

Крыловой Е.

Прощальный поцелуй, секундное объятье,
Спешишь в аэропорт, Нью-Йорк тебя уж ждёт.
Разлука, как Пилат и приговор - распятье,
Очередной мечты оборван был полёт.
Возможно где-то там среди стекла и стали
В безумной суете с безличным - how are you,
Забудешь в один день всё то о чём мечтали,
Кому-то скажешь ты без страсти - I love you...
А я, пойду в Штадтпарк, забытый пленник Вены
Скажу себе - пройдёт, пусть всё, как сон пройдёт...
Возможно, что Любовь и есть душа Вселенной,
А что же если нет?! То что нас дальше ждёт?!..

Я вспомнить пытаюсь детство
И сказки забытых дней,
Придумайте срочно средство
Для памяти, не моей!

Создайте прошу, картину
В которой царит уют,
Где рады и внуку и сыну,
Где верят в тебя и ждут.

В добро научите верить,
Скажите, что есть любовь!
Хочу я вам, доктор, поверить,
Прошу, обманите вновь!

Ну, что же вы замолчали?
Кто? Я или вы больны?
Устали вы? Да едва ли!
Реальность всё это сны?

GEFÜHLE
IN DER FREMDE

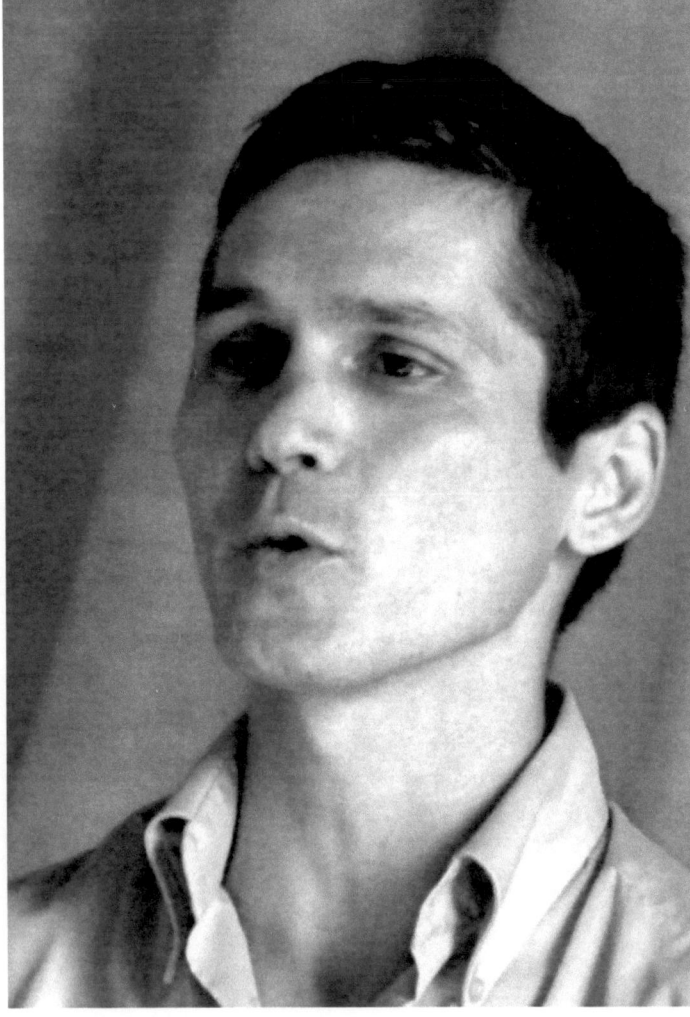

Wenn du mich rufst, dann sag' ich ja
und lasse alles von mir da.
Zusammen schlagen dann zwei Herzen,
sie kennen nur Freud' und keine Schmerzen.

Aber das sind alles leere Träume,
sie treffen nie die Wirklichkeit,
ich bin ein Schloss mit leeren Raumen,
mein Schicksal ist die Einsamkeit.

Doch leider kann ich nicht mehr hoffen,
obwohl die Lieb' mich hat getroffen.

Ich weiss nicht was mit mir passiert,
ich weiss nicht was ich suche.
Mein Herz, es wird von dir regiert
du bringst es mir zu Bruche.

Ich weiss genau: du kommst nie wieder,
ich weiss genau: Liebe schon vorbei.
Ich singe nur mehr leere Lieder:
Goog bye, good bye, good bye!..

Wie kann ich noch erwarten,
dass alles anders wird?..
Scheussliche Lebensarten,
ich hasse sie, hab' ich geirrt?
Mein Sohn ohne Vater,
weil Vater ist Russe...
"Geduld" sagt der Pater
und gibt mir viel Busse.

Ich bete und bete
seh' darin keinen Sinn,
mein Schicksal ist eine Kette
sowohl dort als auch hier.
Wohin ich auch gehe
Uberal sehe ich Hass.
Verschlossene Zimmer
und ich schrei' "wozu das?.."

Verzeihen Sie mir
wenn ich habe kein Recht,
weil wer für euch "wir"?
We fremd ist hat Pech!
Sie sind so grosszügig,
wir sind Geduldete da,
wir leben in Lüge
Sie aber "wahr"!..

ich denke schon oft um Asyl am Nordpol,
er ist viel kälter, vielleicht fühl ich mich dort wohl?!...

An Sonja Arend
Ich verstecke meine Träume im Schrank,
ich verbrenne geschriebene Lieder.
Ich denke, ich bin wieder krank,
diesmal wahrscheinlich vor Liebe!..

Wenn ich schlafe seh' ich nur dich,
wenn ich wach bin dann will ich schlafen.
Mein Leben ist wie ein Liebesgedicht,
ich hoffe, dass ich es diesmal kann schaffen.

an Agnes F.
Sag meine Liebe
wo ist die Rosa,
oder ist das Leben
doch nur Prosa?..

Sag meine Liebe
kann ich singen?
Oder muss ich immer
suchen nach Dingen?

Sag meine Liebe
wo ist der Sinn?
Ich schenke dir
einen Jasmin!

Wenn du sagst: nein!,-
Ich rufe dich nie wieder.
Wenn du sagst: nein,-
Ich schmeisse weg meine Lieder.

Wenn du sagst nein,-
Ich komme nie zu dir.
Wenn du sagst: nein,-
Bringt das Schmerz zu mir...

Vögel am Himmel,
Steinbock im Wald.
Mein Brot schon schiemelt
Was kommt dann bald?

Vögel am Himmel
Fliegen zu Gott,
Am Feld ein Schimmel.
Wo ist mein Boot?

Vögel am Himmel
Lieb' ist vorbei
Wir müssen nicht schwimmen
Wenn du sagst goodbye!..

an Agnes F

"Wo ist die Rose?.."
Habe ich dich gefragt.
Wieso ist Liebe so böse
Wie die ewige Jagd?!...
Du hast mal gesagt:
Deine Lieb' ist wie Feuer,
Wir könnten verbrenen.
Ich war niemals treuer,
Doch wir mussten uns trennen.

Ich hab mal gehört:
wer liebt kann verzeihen.
Mich aber stört
Die Liebe mit Schreien!..

PS:
In meinem Schicksal
Bist du der heilige Gral.

Es ist Herbst, ich bin hinter der Grenze,
Fast ein Jahr von der Heimat entfernt.
Nur der blaue Vogel der Länze
Stillt die Sehnsucht an alles, was wärmt.
Es ist Herbst, ich bin wieder beflügelt.
Ob die Flügel gestutzt sind, ob neu,
Nehm ich Abschied vom Herbst in den Frühling,
Ohne das, was geschah, zu bereun.
Es ist Herbst. Dann was will ich noch mehr?
Nur noch...nein, nicht, kein Wort mehr darüber.
Mein Entschluss ist, so will es Gott, schwer.
Doch auch das geht mal sicher vorüber...

An Agnes F
Ich hatte dich fragen müssen
Ob du es schon einmal elebt:
Sehnsucht ohne Ende küssen
Den, welcher im Träume lebt?!...

Ich muss das unbedingt wissen,
Wie kommt man mit dem zurecht?
Ihr könntet zusammen flissen
Mit der ewigen Frage "ist's echt?"...

Dezember, 2009
Amstäten

ОДНАЖДЫ МНЕ СКАЗАЛ
ФАЛЬШИВЫЙ ДРУГ..»

Einmal schwor mir ein falscher Freund
Seine Würde und Treue und Ehre,
Der Bekanntenkreis wurde nicht rot,
Schmeicheln wollte man dort nicht entbehren.

Ich jedoch saß da mitten im Kreis
Trank, verblüfft von dem Lebenstheater
Mein Schutzengel war traurig bereits,
Eine Totenfeier erwartend.

Wenn Du kannst, dann vergib mir, mein Herr,
Meine eigene peinliche Schwäche,
Wie dein Sohn lieben, fiel mir recht schwer,
Hasste Gram ich, Verrat und Verbrechen.

DIE BEICHTE EINES GESCHICHTELEHRERS

Gewidmet einer zufälligen Begegnung mit einem
wegen Trinksucht gekündigten und aus dem
psychiatrischen
Krankenhaus entlassenen Mitreisenden im Zug aus
Moskau nach Kirow

Unter den Menschen fühlte ich mich einsam
Im Katerrausch, zum ersten Mal, doch dann
Wurde mir klar, weshalb die Welt gemein war
Äonen lang. Schuld war die Rippe dran,
Wie einst beim ersten Weib!
Doch nicht die Rippe Adams
War Ursprung aller Anfänge des Seins,
Jener des Luzifers entstammt das Erdendrama
Als er sich Gottes gleich erklärte dreist.
Stolz, Falschheit, Ohnmacht vor dem Bösen
Durchdringen alle Sphären des Daseins,
Sie lassen niedrige Instinkte auslösen,
So fließt viel Blut zur falschen „Ich-Gottheit",
Und Bruder seinen Bruder will erstechen,
Geheim ein Messer hinterrücks versteckt.
An seinem Bruder wollte er sich rächen,
Nur weil der Frau hat, ein Konto, ein Geschäft!..
Im Suchtrausch werden Mütter abgestochen,
Missbrauchte Kinder, Väter vor Gericht gestellt,
Behörden und Gerichte sind bestochen
In der Tragikomödie einer tristen „Menschenwelt"!
Manchmal passiert's, es geht ein Licht uns auf...
Und ich, vor Wahnsinn plötzlich angst gepackt,

Brachte Goldkronen, meine, zum Verkauf,

Kaufte viel Wein und fühlte mich als Wrack.
Betäube mich, der Wein mit deiner „Mure",
Benebel mir die Sicht mit Rauschdunst,
Damit erscheint als reine Jungfer Hure
Die zu mir kommt, zu stillen meine Brunst.
Mein Schwager sagte mir, man sollte streben
Unter Schakalen ein Schakal zu sein.
Doch weder wie ein Tier noch viehhaft will ich leben,
Drum mich betäuben wird nun wieder Wein!

БЫЛИ ШУТКИ С СУДЬБОЙ НАПРАСНЫ

Lebensspiele sind aufgegeben,
Wir sind Puppen in der Schicksalshand,
Eine endlose Leidenschaftsliebe
Trifft man nur im poetischen Land.

Im Realen ein Prosa ist Leben,
Ein paar Akte stellt das Drama dar,
Es gibt Streit, Schuld und bittere Tränen,
Recht behalten will jedermann da.
Und beschämenden Abschied vermeidend,
Zu einander „Leb wohl!" sagten wir,
Und verließen das Liebensnest beide,
Unser Märchen schied herbstlich von hier...
Machmal kommst du doch wieder vorbei,
Wie der Zeile das fehlende Wort.
Meine Wange streicht deine Hand fein,
Führt mich zu einem anderen Ort...

«Я ПИШУ ТЕБЕ, ХОТЬ И ЗНАЮ,..

Schreibe dir, wenn auch sicher weiß ich,
Keine Antwort wird kommen darauf.
Liebeskrank bin ich nicht mehr und geißeln
Fluchtgedanken mich nicht, weg zu laufen,

Weg von Nöten der Welt, vom Verfall,
Der Verlogenheit bitterem Sein.
Für mich warst du mein kosmisches All,
Doch zurück blieb mir lediglich Schein.

Unterm Mond währte nie etwas ewig,
Nichts, was wertvoll uns wäre und nah.
Sorgen hält man fürs Schicksal des Lebens
Und genießt süßen Erdenschlaf lahm.

Alles geht vorbei, auch Gefühle,
Sie zefallen zu Staub im Flug,
Nur das alternde Herz brennt wie früher,
Denn der Lebenstraum wird Schein und Trug

Schreibe dir, wenn auch sicher weiß ich,
Meine Briefe erwartest du nicht.
Die Gedanken sind scharf, herzzerreißend,
Wie die Klinge, die alles zerbricht.

Ich betrat sie trotz Leiden und Schmerzen
Barfuß, lachend und blieb unversehrt.
Doch im Meer deiner Wellen im Herzen
Habe ich meine Freiheit versenkt.

In dreißig Jahren meiner Suche
Nach Lebenssinn fand ich ihn nicht.
Mein großer Traum ging in die Brüche,
Als ich auf schiefe Bahn geriet.
Ich wollte schreien: „Wie ich leide!"
Erlöschen soll das Sternenlicht,
Bis ich begriff, dass noch begleitet
Ein Faden mit dem Leben mich.
Der Faden des noch nicht Gesagten,
Des Ungesungenen für Die,
Der ich „Leb wohl" zum Abschied sagte
Und plante dreist ein Lebensspiel.
Recht Vieles hat sich zugetragen
In meinem irdischen Dasein.
Mein Traumbild zeigte sich nur wage,
Schwand in das Dunkel schnell hinein.
Dann suchte ich mich zu betäuben
In Frauenarmen, Wagemut,
Mein „Ich" für immer zu verleugnen,
Hatte auf Leben Riesenwut.
Ich schickte mich, bewusst zu werden,
Dass ich allein durchs Leben geh',
und, Sauffreundschaften entwertet,
Musste im Saufwahn gestehn:
In Nachtbars sucht man keine Freunde,
Auch Liebe findet man dort nie.
Mit Illusion ist Zeit vergeudet,
Von der Versuchung lieber flieh.
Doch etwas hielt mich im Gewohnten,
Ich schwelgte mich vor Lust im Rausch

Und bis mein Herz noch schlagen konnte,
Dem Saufquatsch hab gern gelauscht.
Für alles kommt einmal die Zeit,
Doch diese schätzte ich noch nicht,
Bis ich begriff, ich bring nur Leid
Für die, die innig liebte ich.
Da ließ ich meinen Becher fallen,
Ein Seufzer, und ich seh nichts mehr,
Alle Geräusche sind verhallen,
Vor mir – nur Sie im Strahlenmeer.
Sie schaut mich an so traurig-rührend,
Doch ihr zu sagen hab ich nichts.
Gebrochen sind all meine Schwüre...
Ich wollte weg unweigerlich.
Jedoch wohin? Ich steh' im Dunkel,
Die Welt verschwindet in die Leere.
Was ist mit mir, dachte ich trunken,
Bin ich vielleicht nicht mehr am Leben?
Vor mir begannen Kindheitsbilder
Vorbei zu ziehn, dann Jugendhöhen
Auch der Verbannungsjahre Wirbel
Spitäler, Nachtbars, Lasterhöhlen,
Ich sah im Brand die vielen Seiten
Mit meinen Versen, sah verwundert,
Wie sich mein Weg zum Selbstmord bahnte
Unter der schweren Last der Sünden.
Ein Schauder hat mich da durchfahren,
Nichts kann mehr zu umkehren geben.
Auf einmal band mich eine Starre,
Ein Schlag, doch höre: „Er wird leben."
Das Dunkel löst das schiere Grauen,
Ich brenne, und die Brust schmerzt sehr.

Es kommt mir vor, es wär' ein Traum,
Die Augen auf – der Raum ist leer.
Allein in einem weißen Zimmer
Nun liege ich. Die Schwester kommt.
Ich frage sie, die Töne ziehend:
„Soll ich schon hin, zum lieben Gott?"
„Nein, noch zu früh, du eilst vor Sorgen
Zu ihm hin ohne seinen Wink.
Ist dumm, den Tod herauszufordern
Im Wunsch, dass dir vergeben wird."
Es fiel mir ein, dass jene Schmerzen,
Die plagten mich im Lauf der Zeit,
Waren für mich wie Salz der Erze,
Das durch das Wasser löst sich leicht,
Wasser von Hoffnung und von Liebe,
Von festen Glauben und Mut:
Man nehme Schicksalshürden lieber,
Solang der Ader lodert Blut.
Ich rief: „Ich will ja weiter leben
Und mit dem neuen Schwung kann frei
Mich einmal in die Luft erheben!
Man sagt, dass ich ein Glückspilz sei.

Manchmal frage ich mich still und leise,
Wie geschah, dass ich zum Dichter ward?
War die Fügung böse oder weise?
Doch die Seele sagt kein Wort, sie schweigt.
Dann versink' ich tief in mein Gedächtnis,
Schau mir mein Lebenskino an,
Schmerz und Freuden, Abbrüche und Treffen
Scheinen nicht von meiner Welt zu sein.
Vieles kommt mir vor, als wär's von Andern...
Wenn mein Blick auf die Gesichter fällt,
sucht umsonst er, Fremden zu erspähen
Das Besondere, das ihnen allen fehlt.
Doch ich rate selbst, was soll es heißen:
Was vermisse ich, was meine Seele braucht?
Und so wandre ich durch dunkle Geistergassen:
Statt realer Bilder - Schall und Rauch...

ЖИТЬ СПЕШИМ, СОВЕРШАЯ ОШИБКИ,...

Lebenshast ist mit Fehlern behaftet,
Wie ein Floß irrt man im Sorgenmeer
Fehler wandelt man um in Sarkasmen,
Wahrheit sucht man, wo nichts wahr ist mehr.

Und man steckt vor sich höhere Ziele,
Glaubt blind, man sei auserwählt,
Schwört verlogen, um nur vorzuspielen
Falsch und gottlos: „Ich brenn' für die Welt!"

НА ПОЛУСЛОВЕ ОБРЫВАЯСЬ,
РАССТАЯЛ ТЫ ВО МГЛЕ НОЧНОЙ,...

Die Worte plötzlich abgebrochen,
Tauchtest du in die Dunkelheit,
Dein Herzenswort nur halb gesprochen,
Im Mondlicht wie ein blasser Geist.

Die Sterne glitzern wie Brillanten
Im Himmel über uns herum
Das Urzeitleben der Atlanten
Erfüllt mit Hoffnung uns und Ruh.

Doch morgen gehst du wieder fort
In dein gewohntes Alltagsleben
Der Sinn vom ungesagten Wort
Mit Morgenröte greift ins Leere.

НЕ ПЕЧАЛЬСЯ, МОЯ ЛЮБИМАЯ...

Sei nicht traurig, meine Geliebte,
Dass die Welt so brutal ist und hart.
Sei dein Herz, von dem Schicksal verbittert,
Von Verzweiflungslawinen bewahrt.

Quäl dich nicht, sei nicht bang, meine Liebe
Und vergieß nicht die Tränen allein
Nicht von allen, glau mir, bist getrieben
Ich bin sicher, das Glück wird noch dein.

Sei nicht traurig, mein Schatz, sei nicht bang
Schütze lieber dein Herz vor der Angst.
Ich bin immer bei dir, Leben lang,
Unser Glück ist in unserer Hand.

Sei nicht wehmütig, meine Geliebte
Freude kommt noch in unsere Welt,
Diese Freude, das Kind einer Liebe,
Gibt uns Kraft, die zum Fluge uns fehlt.

СМОТРЮ, МОЙ ДРУГ, В ТВОИ ГЛАЗА...

Die Szene eines Obdachlosen und seines Hundes in
einem Wiener Cafè wurde zum Motiv für dieses
Gedicht

In deinen Augen, mein Freund,
Seh ich ein Leid, vermischt mit stiller Sehnsucht,
Und weinen will ich nun vor Groll,
Wer braucht uns, wer macht uns selig?

Warum, mein Freund, siehst du mich düster an?
Mein Heim ist ausnahmslos für alle offen.
Das Abendbrot von gestern mach ich warm
Und werde Katzenjammer wieder auslöffeln.
           Katzenjammer: разг. «похмелье»
Wir lehnen uns einander näher an,
Das Spiel der Lichter in der Nacht ist herrlich,
Mein Lieber, glaub mir, die Not macht noch nicht
krank,
Kein Frost herrscht noch, es gibt auch keinen Regen.

Vergessen wird in Träumen diese Welt,
Das kalte Obdach werden wir verlassen,
Wir brechen auf, zum Fest auserwählt,
Mit heilen Klängen uns beglücken lassen.

ВЕСНА СТОИТ УЖ НА ПОРОГЕ, ЧЕГО Ж НА СЕРДЦЕ ТЯЖЕЛО?...

Der Frühling bricht schon wieder an,
Was soll dabei die Herzensschwere`?
Oder trat ich ab von dem Weganfang
In die Vergangenheitsmisere...
Dort war ich eher ein Betrachter
Kein Herrscher über Zeit und Los,
Ein Traumtänzer im Erdachten,
In dessen Blut sich Wein ergoß

Die Augen glänzen nicht, wie früher,
Nur schiefes Lächeln blieb und Gram
Die Hoffnung, die zum Sieg verführte,
Zerbrach, liegt brach wie alter Kram.

АХ, МОЛОДОСТЬ, С БЕЗУМНЫМ РИТМОМ...

Ach Jugend, mit rapidem Tempo
Wo bist du hin so ungestüm erfogt?
Nicht zu beneiden bin ich, dennnoch
In meinen Träumen hab ich dich verfolgt.

Doch das, was war, ist nicht zu überwinden
Ich denke auch gar nicht mehr daran
Nicht alle Höhen konnte ich bezwingen
Dafür zog ich das Liebesglück heran!

Die Reue halte ich von den Gedanken fern,
Sie darf an der Erinnerung nicht reiben.
Kein Engel war ich zwar, gestehe es gern,
Doch ab und zu begegnete ich einem.

НУ, ЗДРАВСТВУЙ ОСЕНЬ, СТАРАЯ ПОДРУГА ...

Na servus, Herbstzeit, meine alte Freundin,
Füllen wir Glaser wieder mit dem Wein!
Es zittert im Kamin vor Angst das Feuer,
Sieht irr kein Fenster hinter Gläsern ein.

Dein schöner Antlitz, feierlich wehmütig,
Verhüllt in Regen-Sprühmelancholie,
Verriet mir, du bist nach wie vor schwermütig
Und deinen Traumpartner fandest du noch nicht.

Und ich, mein Liebchen bleibe auch einsam
Aber das nagt an meinem Herzen nicht.
Des Lebens tiefer Sinn gemeinsam
In Wein und Träumen findet schneller sich.

Seit jener Zeit bleibt alles unverändert,
Die Welt ist krank an Unzufriedenheit,
Nur du, der Herbst, kamst in mein Traumgelände
Und teiltest meine kalte Einsamkeit.

ВІДТІНКИ ПОЧУТТІВ

Foto von Diana Wiedra

Мені і досі іноді здається,
Що ти за мною, поряд десь стоїш.
І спомин блискавично промайнеться
У лабиринті мрій, як гострий ніж.

І я кричу у ніч оскаженіло,
Я шлю прокльони пеклу й небесам!..
Чому шляхи нам доля порізнила
Байдуже зруйнував кохання храм?!..

Тебе кохав, як вже кохать не вміють –
Без ревнощів, прокльону, каяття.
В моїй уяві досі ще маріють
Картини нездійсненого життя.

Тебе кохав як пісню солов'їну,
Як пісню над трояндою в ночі,
Та втратив я любов свою єдину
І серце вмить пронизили мечі.

Тепер несу своє страждене тіло,
Криваву душу, гострії мечі,
Моя зоря навіки відсвітила,
Лишив мене самого у ночі...

Ганьбу і лють накликала на себе,
Сама себе ти зрадити зуміла,
Чому ж тоді ти скаржешся на небо,
Адже отримала все те, за що кров лила?..

Обійм тобі Європа не відкриє,
Проблем без тебе там під самий дах.
За що Донбас під «Градом» про мир мріє,
Й коли у небо взв'ється миру птах?..

Дивись Вкраїно, як оскаженіли
Ті «вони ж діти», лють пала в очах,
Тризубець твій на свастику змінили,
Тебе усю тремтіти змусив жах!..

Дивись на все, не треба сліз цуратись,
Жаль сльозам біль твою не вгамувати,
О, якби знала, що так може статись,
Але на час не в силах ти впливати!..

Яка Україна, шановні, скажіть?
Страшна та безмежна руїна...
Вже совість сном мертвим давно ваша спить,
А ваші "херої" гнуть спини.

Ніхто крізь тортури вас гнати не хтів,
Ви самі себе запродали
І важко знайти для оправдання слів
Для сук, що по дітям стріляли.

Мені не співайте фальшивих пісень,
Про славу, яку не стяжали,
Сліпий - світ не баче і в соняшний день,
Тому і язик його жало...

Прокляття на себе накликали ви,
Крізь біль тих, кого загубили,
На ваших могилах не буде трави,
Як з часом не стане й могили!..

Мені іноді здається,
Що неможе бути гірше,
Що негода вся минеться
І ми жити станем ліпше!..
Але часом я гадаю,
Що марні мої надії,
Супостати в ріднім краю,
Знов вбивають дітей мрії.
Їм Одеси було мало,
Полум'ям Донбас палає.
Що ж вам люди бракувало,
Хто вас люттю напуває?!
Час негоди і недолі
Обійняв усю країну
Ви усі без глузду й волі
Край ввертаєте в руїну!
Все минеться, як миналось
Але біль людський та сльози,
Які дітям в душу вкрались,
Як шипи будуть на лозах
Із прокльоном пам'ятати
Гармат ваших подарунки,
Та як все змогли продати,
Як Іуда - поцілунком.

Чи згадав, чи лише так здалося
Промайнула ти знов в моїх снах!
Моїх мрій та думок відголосся
В твоїх світлих, бездонних очах.

Ти неначе, як янгол із неба
Нагадала, що ще є любов,
Що і жити, і вірити треба
І вона нам ще стрінеться знов.

Але потім ти знов полетіла,
Хоча встиг закохатися я,
Небо нас по життю розділило,
Як той Захід зі Сходом зоря.

Війна вже другий Рік проводить
Спустошуючи рідний край
І Смерть, в шаленім вальсі ходить,
Й кричить бійцям - музико грай!..
А цвинтарі, наче алеї,
Свіжих могил прямі ряди,
Для цвинтарів бійці - трофеї,
Обличчя тяжкої біди...
І доки будемо кров лити,
Вбиваючи свої - своїх,
Хто вирішив перетворити
Наш край у цвинтар молодих?..

До українського народу

Так боляче і сумно споглядати,
Як обтікає кров'ю вся країна,
Як наші й іноземні супостати
Її усю ввертають у руїни.
Як виродки повилазили зі схронів
І всіх людей ввігнали в страшний жах,
Анархія нащадниця законів
Приближує усій державі крах.

Невже козацький род переродився,
Чому ми мовчки йдемо в небуття?!
Чому запроданцю народ наш поклонився
Тому, хто вас вважає за сміття?!
Невже байдуже будем споглядати,
Як погань відбирає в нас дітей,
Невже хоробрості нестаче, щоб повстати,
На бій святий - мразоти і людей?!

Минають дні, минають ночі
І все летить Бог зна куди,
А Місяця криваві очі
Неначе прочать час біди.

Шалені люди схаменіться,
Та війни ваші припиніть,
Чому вам вдома не сидиться,
Живіть, та й другим дайте жить.

Наше життя це - мить для світу,
І тількі душі в вічність полетять,
Беззахистні і несповиті
Пред Судним днем всі затремтять.

Шалені люди, схаменіться,
Нам двічі жити не дано,
Не зможем знову народиться,
Щоб змити з душ своїх лайно.

Foto von Diana Wiedra